EL SERVICIO:
DONDE LA FE Y LA POLÍTICA CONVERGEN

David L. Rogers

Magíster en Artes del Ministerio
© Septiembre de 2020, Santiago, Chile

La Misión de Editorial Crece es de esparcir la enseñanza bíblica relativa al contexto chileno en particular y latinoamericano en general, y de crear y distribuir literatura al capacitar al cristiano en su vida personal con el Señor Jesucristo y la iglesia en su rol en el mundo.

SERIE: **Respuestas a los Asuntos de Hoy, Vol. 3**

Autor: David L. Rogers

Edición: Rodolfo Jorquera Delgado

Editor General: David L. Rogers

Todas las citas bíblicas tomadas de la Versión Reina Valera 1960, © Sociedades Bíblicas en América Latina. Renovado Sociedades Bíblicas Unidas, 1988.

Diseño Portada: Luis Dinamarca Riquelme

Editorial Crece es un brazo del Ministerio Cristiano Crece, RUT 65.015.235-2.

San Sebastian 2839, Oficina 316, Las Condes

Santiago, Chile.

www.editorialcrece.cl   ventas@editorialcrece.cl

ISBN 978-956-6019-03-9

Índice

Dedicatoria

A mi fiel compañera, Ruth Ann Rogers, dedico este libro, cuyo contenido es responsabilidad mía pero la influencia de ella fue sentida durante la escritura de cada palabra y página. Siempre mi inspiración, frecuentemente mi fuente de retroalimentación, y por excelencia mi animadora, tu has sido todo lo que yo hubiera esperado de un consorte y esposa. Con particular gratitud por tu amor fiel alcanzamos este hito en el aniversario trigésimo sexto de nuestro aterrizaje en Chile. Pensar que éramos un matrimonio muy joven cuando nos encomendaron a servir a Cristo en la obra misionera, me inunda de un inmenso gozo.

Haber cumplido tantos años juntos, aún más.

Prólogo

Estamos en una sociedad cambiante, cuya evolución asombra a cualquiera que se detenga un momento para considerarlo. En los últimos cincuenta años se ha producido una trasformación tal en todas las áreas, sociales, políticas, científicas, filosóficas, etc. que impide predecir lo que puede ocurrir en estos campos, cuando antes se predecía con relativa facilidad. La llamada revolución industrial, fue el detonante de un cambio radical que comenzaba, pero a partir de los años 40 la aceleración de las transformaciones es de una dimensión asombrosa, de modo que lo que está presente hoy, posiblemente no lo esté mañana, no en una expresión metafórica, sino real.

De forma muy especial se aprecia un marcado desprecio, sino ataque directo, contra la Biblia. Muchos pretenden desplazarla para que sea un libro más entre los libros. Las diatribas contra ella son manifiestas. El humanismo en sus múltiples manifestaciones intenta, siempre sin éxito, que se produzca un rechazo al escrito bíblico. Los científicos humanistas han procurado eliminar a Dios y poner en Su lugar principios lógicos y demostrables, que respondan a las preguntas que todos, en alguna medida, nos formulamos sobre la creación, el hombre, la ética, la fe y en especial sobre la existencia de Dios.

Sonrisas de escepticismo se aprecian nada más al mencionar ese Nombre, degenerando en muchas ocasiones en firmes ataques contra cualquier creencia en un Ser supremo.

Los valores absolutos han dado lugar a los relativos, por cuya causa, el Absoluto supremo que es Dios, está siendo cuestionado, minusvalorado y contradicho por la llamada ciencia, a pesar el continuo fracaso de sus razonamientos que obliga a un permanente cambio de planteamiento cuando el que había sido propuesto es incapaz de sostenerse.

La Biblia enseña que los *"reinos del mundo y su gloria"* están en manos de Satanás, que mueve los pensamientos de los hombres en un propósito definido: el olvido y luego el rechazo a Dios, a Sus verdades, Sus valores, Sus principios morales y en general a cuanto tenga relación alguna con Él. El humanismo está luchando denodadamente por la centralidad del hombre, para lo que exige retirar de ahí a Dios. Todo asunto de fe es, como el apóstol Pablo apunta, *locura* para los hombres que viven lejos de Dios. En ese esfuerzo se niega la *inspiración plenaria* de la Escritura, lo que permite hablar de errores y de contradicciones en el texto bíblico, generando así la fiabilidad de sus escritos. Acaso se suponga el lector cristiano que tal situación es propia de un mundo incrédulo, cuando la realidad sitúa este cuestionamiento en el mundo llamado cristiano, entre el que se encuentra el que se califica como evangélico. Estas cuestiones están en discursos teológicos y en muchos púlpitos de las iglesias. El mensaje expositivo, ha dado paso al motivador, que no es otra cosa que el humanismo revestido de piedad aparente.

La *posverdad o mentira emotiva*, que no es otra cosa que un neologismo que describe la distorsión deliberada de algo en que la objetividad es de menor importancia que las emociones y creencias personales, lo que permite crear e incluso modelar la opinión pública sobre determinados aspectos e influir en las actitudes sociales, está presente de modo cada vez más incisivo en nuestra sociedad. No puede extrañarnos que esto sea el sustento vital para los movimientos de *ideología de género*, que en base a reiterar mil veces la misma idea llega a la auto-convicción de que es verdad. La puerta a lo que llaman *la antigua moral* se produce en todo el mundo cada día, a fin de imponer la ideología, acusando a quienes no comparten esa idea, de mantener *una ética y moral cristiana*, cuando se trata de todo lo contrario, esto es, de aceptar la realidad de un orden natural propio de todos los seres vivos. Este tipo de filosofía hace que los hombres crean la mentira de la libertad que los somete a una permanente esclavitud. El problema al que sucintamente se alude, está presente en todos los ámbitos de la sociedad, los científicos, los filósofos, los políticos, los religiosos, etc.

Todo esto es una sencilla prueba de la auténtica verdad sustentada en la Biblia, que mantienen principios y valores insuperables por cualquier propuesta humana y hacen que, a pesar de los ataques que continuamente confronta, permanece inalterable y es absolutamente válida para cualquier civilización en cualquier tiempo.

El *Ministerio Cristiano* CRECE, que preside David L. Rogers, *Magister en Artes del Ministerio*, aporta una valiosa ayuda con la colección de libros en los que se abordan distintos aspectos del mismo problema general, llevando al lector con excelencia a la Biblia y tratando, desde esa óptica, una selección de temas de gran actualidad. A este trabajo contribuyen expertos en distintas áreas que ofrecen al lector el planteamiento del asunto en forma científica llevándolo luego a la reflexión bíblica de manera que pueda tener los elementos suficientes para posicionarse en relación con aquello que se trata. La culminación de cada escrito orienta a quien lo lee con atención y sin prejuicio al reto de declinarse por los variables del hombre, siempre cambiantes, o lo permanente de Dios.

Por eso es un privilegio para mí prologar esta obra, que no necesita recomendación alguna para quienes conocen el *Ministerio Cristiano* CRECE y a los autores de la colección, especialmente desde el conocimiento que cada uno de ellos tiene de las Escrituras, su vocación por la enseñanza y su pasión por la verdad de Dios, mostrada en largos años de ministerio. Es un honor para mí contar a muchos de ellos entre mis conocidos y admirar a todos como enseñadores. Animo al lector a tener presente toda esta colección como una excelente guía para vivir conforme a la voluntad de Dios.

Samuel Pérez Millos.

Pr. de la Iglesia Evangélica Unida.

Lic. en Teología.

Magister en Cristología

Magister en Espiritualidad Trinitaria.

Vigo, 4 de junio de 2020.

UN LIBRO, ILUSTRACIÓN DE LOS GOBIERNOS

Los libros, que tanto nos enriquecen la vida, son una invención del siglo XVI. Antes, todos los escritos eran rollos, pergaminos o cartas. No existían los libros, así como los conocemos hoy. Los libros están unidos por algo que la mayoría de los lectores ignoran: un empaste.

Fue en el año 1473 que el Sr. William Claxton en Gran Bretaña aprendió a utilizar la prensa para producir en masa los libros, siendo el primero en imprimir las leyendas de "La Guerra de los Troyanos" al juntar las hojas usando un empaste para sujetarlas.

Previamente, el Sr. Johann Gutenberg, en el año 1455, fue el primero en experimentar con las letras movibles, utilizando una prensa para imprimir libros.

Una vez que las páginas son impresas, se tienen que juntar, armar y compaginar de una manera curiosamente "al revés". Es decir, las primeras páginas están conectadas con las últimas páginas, y las de adelante en el libro se conectan con las de atrás. Lo que une todo el libro es la parte llamada la espalda del libro, una cubierta que la mayoría considera no-importante. El empaste hace que un libro sea un libro, porque de lo contario, sería nada más que una pila de hojas sueltas y separadas.

El empaste de un libro es una analogía legítima del gobierno de un pueblo: debe unir a los ciudadanos, de manera casi imperceptible, pero con firmeza y durabilidad. Los gobiernos deben funcionar para juntar lo que es desigual o desconocido, siendo que así se considere como algo íntegro de la sociedad.

Bajo este precepto se forman los gobiernos. Un gobierno existe para dictaminar leyes y prácticas para favorecer a los miembros de la sociedad. Su principal razón de existir es para velar por el bien de las personas a las que gobiernan. Vale decir, el gobierno existe para el pueblo, NO al revés. Esto lleva a que el gobierno deba funcionar dentro de parámetros acordados y aprobados por el mismo pueblo.

Respecto a la función de los políticos es fundamental entender que la nación les ha permitido representarlas, pese a que a veces los políticos poseen una cosmovisión distinta a la que tiene la gente. Muy pocos ciudadanos comunes entienden la política y menos quieren verse envueltos en ella. Esto porque muchos creen que la política es "sucia", "deshonesta" o, más aun, "corrupta". ¡Pero hay un camino mejor!

CRISTIANOS INVOLUCRADOS, NO CRISTIANOS AISLADOS

Este camino lo enseñó nuestro Señor Jesucristo que debemos darle al César lo que es del César y a Dios lo que es de Dios. En otras palabras, es deber del cristiano rendir a las autoridades gubernamentales sólo aquello que les corresponde: por ejemplo, virtudes como el respeto, el tributo y, claro, la honestidad. No obstante, esto no significa que no se le pueda dar al gobierno un servicio honesto e informado, de manera que el país reciba el beneficio de la luz y la verdad cristiana. Dicho servicio es, simplemente, una forma de ser obedientes a Cristo para compenetrar de manera intencional toda la sociedad con un estilo de vida igual al de Cristo. Es poner al servicio de nuestra generación una vida que se vive como "siervos del Dios vivo".

Cuando uno examina la enseñanza de Cristo en los Evangelios, y luego interpreta las cartas de los apóstoles, el libro de Hechos y las cartas de Juan, el concepto de seguirlo a Él es pertinente frente al mundo en que vivimos. Recuerda los siguientes mandatos:

• Todo el mundo le pertenece a Cristo y será sometido bajo Sus pies en el futuro inminente. A la luz de su eventual coronación, hemos de vivir "irreprensible-mente," "sencillamente," y "resplandecientes como luminares en el mundo" (Filipenses 2:15).

• El mundo anda en tinieblas, piensa neciamente, vive sujeto a las mentiras, celos, envidias y falsedades. Como seguidor de Cristo, se nos insta a vivir con sabiduría y con cuidado. Al vivir en obediencia a Cristo estamos en posición de "desenmascarar" las obras de maldad (Efesios 5:11-16).

Es crucial, al plantear este modelo del servicio en la política, que entendemos la enseñanza de Cristo respecto al mundo en que vivimos. Postulo cuatro líneas principales de pensamiento que podemos sintetizar. Son las siguientes:

1. El cristiano es rescatado del sistema mundial (1 Juan 2:15) y, por este hecho, debe regresar al mundo como su campo de acción espiritual, para seguir rescatando a otros (Santiago 5:19-20). Al decir "regresar," estoy señalando que el creyente está comisionado a evangelizar con el mensaje de la salvación en Cristo en todos aquellos lugares y contextos donde hay personas no salvas aún. Esto incluye, lógicamente, el campo político.

2. A diferencia de la era de la reforma, que pregonaba un voraz distanciamiento del mundo por motivos de pureza de vida, en nuestros tiempos hay un llamado para alcanzar la sociedad. Dicho llamado estaba en el mismo corazón de muchos misioneros pioneros del siglo XIX y de los primeros colonos que llegaron a Chile. Hemos de recordar el ejemplo de Diego Thompson, quien en 1847 fue un instrumento favorable para traer la Biblia a Chile y, poco después, formar las primeras escuelas de niñas, como el Liceo de Niñas No. 1 de Valparaíso.

Esto no depende de que la cultura sea "cristianizada", con un apodo de "negocios cristianos", "empresas cristianas" o "escuelas cristianas". La iglesia no está llamada a "salvar la política" o a "salvar la sociedad". Simplemente nos corresponde aplicar todo lo de la fe cristiana a los negocios, al modelo de cómo se educa, a la legislación y el cuidado del medio ambiente y, en particular, al gobierno.

Nuestra fe no es únicamente un tema para hablar en los templos o en las casas. La fe cristiana, como una profesora actualizada, debe "identificar y evaluar los ídolos intelectuales predominantes, y entonces construir alternativas bíblicamente fundadas"[1] . Borremos, de una vez por todas, el dualismo falso que han practicado las generaciones de cristianos recién pasadas, y relacionemos la fe en Cristo a todas las áreas de la vida.

3. El mal del consumismo es en contra a la iglesia. El obedecer a la Gran Comisión (Mateo 28:18-20), por algunas de las iglesias locales, está en fuerte competencia con el consumismo. Como cristianos estamos siendo atrapados por las tentaciones de comprar a crédito, de vivir "la buena vida", de viajar y de acumular las cosas terrenales. Sin estar atentos, muchos cristianos chilenos han sido anestesiados y robados de la vitalidad que es inherente a la fe pura y neotestamentaria. El cristiano ha sido encargado con el deber de vivir a la luz del reino de Dios en primer y último lugar (Mateo 6:31-33). Es decir, debe vivir para invertir en la eternidad, no vivir para el momento.

Contrario a la opinión popular, la economía no es lo más importante cuando un cristiano decide por quién votar. El mercado bursátil cae y sube de manera

---

[1] Nancy Pearcey, Verdad Total, Liberar el Cristianismo de su Cautiverio Cultural, (Tyler, TX; JUCUM, 2014), 42.

habitual. Solo aquellas actividades, compromisos, inversiones y prácticas que estén sujetas a la voluntad del Señor de la mies, se pueden considerar como actividades aceptables para el cristiano.

Por lo cual, el cristiano de carácter bíblico entenderá que sus prioridades personales y familiares tienen que fomentar, apoyar y edificar la obra de Dios. Esto demanda que deje de lado las entretenciones, el materialismo y el acumular por tener, prácticas que le encadenarán al placer o al dinero pasajeros.

Es preocupante ver que en Chile se está propagando un cristianismo hedonista y consumista, una fe cómoda. Tal forma de pensar será la caída de la iglesia si no se revierte pronto. Excepciones hay, de todas maneras. Sin embargo, muchos prefieren salir de vacaciones al Caribe que ofrendar a las misiones. Otros prefieren el automóvil del último modelo que seguir con el que tiene siete años, pero que aún anda bien. No es pecado tener posesiones, pero sí lo es, que las posesiones a uno le controlan, pues el cristiano está llamado a "buscar primero el reino de Dios" en pro del evangelio y la obra de servir a nuestras comunas y ciudades.

4. Si el consumismo es una amenaza a la fe íntegra del creyente, el secularismo es como la arena movediza que promete sofocar la postura cristiana de una cultura que honre lo sagrado y lo realmente valioso.

Basta decir que la fe cristiana lucha en contra no sólo fuertes oleadas del error doctrinal en la iglesia; también lucha en contra del pensamiento que deifica al ser humano, el individualismo extremo y el ideal falso del hombre "libre y salvaje" que tanto se adora en Latinoamérica[2]. Se reflejan en las artes y las canciones típicas de Chile burlas de lo ignorante que es el cristiano, de lo provincial y atrasado que es el evangélico, y las más que abundantes caricaturas del "santurrón", que vive en una burbuja llamada la religión. Estas y otras actitudes son derivadas de una fe en el hombre mismo y en su progreso.

Según la historia y los movimientos importantes en Latinoamérica, es irresponsable evitar el mundo político por completo, sabiendo que aquellos que poseen una cosmovisión bíblica cristiana tienen respuestas comprobadas para las crisis de hoy. Esta actitud lleva a abandonar el país a sus propias deliberaciones humanas ciegas, las que eventualmente terminarán en clausurar las pocas oportunidades restantes de servir a Dios a través del mundo de la política.

Por esta razón, propongo que procuremos dar una influencia santa en un ámbito donde el poder y el dinero corrompen, propulsados por la convicción de que Dios es más grande que los reyes o los presidentes. Que Dios nos provea de la determinación, la inteligencia, la fuerza y la claridad para ver cómo implementar leyes, normas y proyectos que abogan por la santidad de la vida y por un país que honre al Creador. Que la visión para el hijo de Dios sea siempre la de aceptar el reto de vivir con la tensión de ser siervo del Dios vivo

---

[2] Vea la excelente explicación sobre este tema en el libro en inglés, Crisis in Latin America, An Evangelical Perspective, en la Parte 1, "Critical Background Issues in Latin America," por Emilio A. Nuñez y William D. Taylor, Moody Press, 1989.

en medio de una cultura muerta e irreligiosa. Ahora bien, hacerlo de tal forma que nuestra teología sencilla y evangélica sea la brújula para guiarnos a través de trampas, engaños, los tediosos lobbies y toda la influencia de la clase política, para demostrar que Cristo trasciende aún todas estas averías culturales, para proveer una forma digna, respetuosa, íntegra y honesta de gobernar la nación que tanto necesita del Evangelio.

Porque hay Desinterés en la Política entre los Jóvenes:

Si abrimos bien los ojos, observamos que hoy en Chile el nivel de interés en los procesos políticos ha caído a los niveles más bajos, en su historia moderna. Es frecuente escuchar a más de 1 de cada 3 (cerca del 39%) de los alumnos a nivel de educación media decir: "¡No estoy ni ahí con la política!" Según el estudio realizado por el Dr. Cristián Parker, la juventud al comienzo del Siglo XXI es "más individualista" y "fuera del sistema"[3] político.

El desencanto social con la política y la aparente ineficacia de lo mismo, ha dejado a un porcentaje importante de jóvenes menores de 35 años al margen del trabajo de la política.

---

[3] Cristián Parker, Los Jóvenes Chilenos: Cambios Culturales; Perspectiva para el Siglo XXI, (MIDEPLAN, Inst. de Estudios Avanzados, USACH, 2000), p. 29, tabla.

Las naciones modernas de Latinoamérica, compuestas por el pueblo lo cual se siente como ciudadanos subordinados, se componen por una ciudadanía que no les importa la labor y las responsabilidades de sus propios gobernantes. Los ciudadanos confían ciegamente en que los políticos sean capaces de ejercer el poder político y que posean las cualidades o la valentía para proteger sus intereses nacionales y personales. Pero la triste realidad es que "…el siglo XX fue el más sangriento jamás en la historia del hombre"[4] lo que puede indicar que sus gobiernos han perdido el norte respecto a la protección de los ciudadanos. También es posible que los gobiernos hayan aprovechado la   confianza ciega que se les entregó, y que se haya abusado de este poder.

En algunos lugares y contextos, los gobiernos modernos, quizá más que en cualquier época de la historia del hombre, están atropellando al ciudadano a quien deben cuidar. El abuso del poder político hoy ha dejado a millones de personas sin la protección debida de un gobierno eficaz, que esté fundado en principios y conceptos correctos que emanen del diseño de un amante Creador.

Nuestro objetivo en este breve texto es plantear los conceptos que la Biblia establece como conceptos sólidos y necesarios para el gobierno. A su vez, examinaremos razones que apoyan y proponen una participación del creyente en los procesos del gobierno.

---

[4] Nancy Pearcey, Verdad Total, Liberar el Cristianismo de su Cautiverio Cultural, (Tyler, TX; JUCUM, 2014), 141.

A modo de introducción, en primer lugar, veamos algunos textos que demarcan los límites del gobierno humano:

1. Génesis 9:5-6. El hombre que quite la vida a otro hombre sufrirá la pena capital. El gobierno tiene el poder sobre la vida del que comete el crimen del homicidio contra su hermano. Pero Dios, a los que cometían el homicidio involuntario, les proveyó de un refugio o un lugar protegido para el culpable. Esto demuestra que Dios hace una diferencia entre la muerte malintencionada y la muerte accidental.

2. Éxodo 20:13. El quitar la vida de otra persona con intención de hacerle daño es prohibido por la Ley divina. En el caso que un hombre mate a otro porque le odia o porque le quiere hacer daño, éste debe sufrir la pena de muerte. Esta pena será emitida por la autoridad del gobierno (compare Éxodo 21:12-15). Administrar la pena capital corresponde sólo a los jueces y las autoridades. No le corresponde al individuo decidir cómo y cuándo aplicar la pena capital.

3. La razón de que el gobierno tenga el uso de la espada como instrumento de castigo, según Romanos 13:1-7, es para proteger al ciudadano, para emitir juicio y para honrar al hombre que fue creado a la imagen de Dios. Dios le encargó al gobierno el deber de resguardar a las personas. Esto es porque cuando un individuo atenta contra otras personas está atentando contra el mismo Dios creador. Por lo cual Dios mismo demanda

que otros hombres le apliquen la espada o lo detengan de hacer más daño a otras personas. Es una forma de proteger la inherente imagen de Dios en el ser humano.

4. Este fundamento (del derecho sobre la vida del hombre) indica que el gobierno humano posee un poder limitado, autoridad temporal y la función de instituir leyes, ordenanzas y castigos a los ciudadanos que están bajo su supervisión. Sin embargo, no indica cuál es el mejor modelo de este gobierno ni tampoco el rol que el ciudadano juega en el ejercicio de estos poderes. Para ello tendremos que examinar ciertos modelos o ejemplos bíblicos.

A la luz de estos principios básicos, ahora consideremos la relación del cristiano con el mundo que lo rodea. Antes de sacar conclusiones prematuras, le invito a considerar el carácter del mundo y la sociedad.

EL CRISTIANO Y EL MUNDO:

El mundo en el que vivimos está mal por muchos motivos, algo parecido a lo que vivió Lot (Génesis 19:1-29 con 2a Pedro 2:6-7). Hoy vemos que el crimen se escapa de la mano de los policías, quienes no logran frenar su aumento año tras año. También la perversión sexual y moral está en plena calle, la cual ha degradado y corrompido a la familia. Vemos que los esposos pelean, se dañan y se divorcian resultando en consecuencias tan graves como el femicidio y el parricidio. El hogar no es un lugar seguro para algunos niños y adolescentes, quienes mienten a sus padres para que no les detecten sus actividades problemáticas. Entre los hijos y sus padres hay odio y rencor, lo que incluso ha llevado a que los hijos maten a sus padres.

Por los problemas internos el hogar se ha transformado en un avispero. De la misma manera, las instituciones nacionales experimentan un preocupante nivel de corrupción, como ha ocurrido en las Fuerzas Armadas y Carabineros, en donde han quedado al descubierto abusos financieros y éticos. Conocido es el caso de los multimillonarios fraudes cometido por algunos oficiales quienes han robado fondos a los carabineros.

Por si esto fuera poco, desde el año 1990, con el regreso a la democracia en Chile, algunos de los políticos se aprovechan de las excepciones de la ley a fin de lograr fines ilícitos. Estos, al igual que las Fuerzas Armadas y los Carabineros sufren de la "peor posición histórica" en el ranking de la transparencia, según la opinión de Alberto Precht, Director Ejecutivo de Chile

Transparente.[5] Entre las autoridades del país la moral y la integridad se evaporan.

En nuestro mundo ya reinan los excesos en muchos lugares. Estamos rodeados de peligros por ataques terroristas, por sicarios que se desquitan matando a sangre fría con armas automáticas, hay protestas y marchas para toda clase de causa y la sociedad está cada vez más revolucionada y alterada.

Vivimos en un mundo realmente autodestructivo.

En otros tiempos un tal Lot sintió tan intensamente el peso de la corrupción moral que que estaba "abrumado por la nefanda conducta" (2 Pedro 2:7) de la sociedad. Hoy, como en aquel tiempo, se experimentan las expresiones y prácticas inmorales con toda libertad. El pecado sobreabunda e inunda la sociedad a tal punto que el que es temeroso de Dios no sabe qué más puede hacer para ayudar a frenar este triste desenlace.

Por todo lo anterior, se comprende que el mundo en que vivimos es mucho menos que un lugar tranquilo y seguro: Chile ya no parece ser la "copia feliz del Edén." Este mundo es nuestra lucha amarga moderna.

Esta es la realidad en un mundo posmoderno, en el cual se ha creado una realidad de extrema libertinaje.[6]

---

[5] Artículo, El Mercurio Online,https://www.emol.com/noticias/Nacion l/2019/01/29/935985/Carabineros-FFAA-y-financiamiento-ilegal-de-la-politica-Las-razones-de-la-caida-de-Chile-en-ranking-de-t ransparencia.html. Consultado el 9 de sept. de 2020.

[6] Conozca los siguientes tomos: Francis Schaeffer, Huyendo de la Razón, 2007, The Church at the End of the 20th Century (inglés), 1977.

Me explico. El Modernismo como movimiento y postulación sociocultural aceptaba que hubiera verdades que eran objetivamente universales. Estas verdades definían lo que era bueno o malo, verdadero o falso, aceptable o intolerable. Sin embargo, el Modernismo falló porque descartó y desmintió muchas de las verdades tradicionalmente aceptadas, tales como la definición de lo correcto, la necesidad de una moral objetiva, y la verdad de que existía un Dios verdadero y conocible. Ahora bien, el posmodernismo pone en tela de juicio todo lo que nuestros abuelos, desde el siglo XIX, creían y afirmaban. En su lugar, durante los años 1960 en adelante, la gente cuestionó qué era verdad y el movimiento del posmodernismo teológico y moral o ético inundó la educación.

Después de la llegada del posmodernismo se dejó de creer que había verdades objetivas. Lo racional y lo lógico era desmentido, descartado y reemplazado por lo conveniente y, en particular, lo *privado* pasó a ser secundario a *lo público-social-moral*. Nadie podía decir a otro que sus creencias eran universales ni   absolutas. Es notorio, dice Nancy Pearcey, en su libro penetrante *Verdad Total, Libera el Cristianismo de su Cautiverio Cultural*, que la división tajante entre lo objetivo y universal, por un lado, versus lo subjetivo y particular por el otro, es cómo el posmodernismo desacredita o al menos, neutraliza la verdad y la   cosmovisión judeo-cristiana. Es más, dice Pearcey ésta "división es el arma singularmente más potente para deslegitimizar   la   perspectiva   bíblica   en   el   discurso público hoy."[7]

Esto del posmodernismo dividió lo objetivo de lo subjetivo en una especie de casa de dos pisos. Fue dividido en dos niveles aquello que era intelectual, científico y racional, juntándolos en algo como el "primer piso" en donde las cosas nombradas eran *objetivas, reales, seguras y superiores.* Estos últimos quedaron divorciados del "segundo piso", de la esfera de lo emocional, religioso, moral y ético. El primer piso es donde se ubican las "verdades públicas", siendo las cognitivas, verificables, objetivas. El segundo piso es donde se ubican creencias subjetivas, relativas, culturalmente definidas y en especial las ideas-preferencias individuales o personales.

Desde la segunda mitad del siglo XX en adelante, la definición de lo que era verdad o no, lo que era racional o no, y lo que es personal versus lo que es público se han dividido y apartado de manera plena. Todos los posmodernos (sépanlo o no) creen que la fe, la religión y la moral son valores personales y por ende no son universales ni son objetivas, y menos son racionales. Son simplemente relativas. Es como quien dice, "Tú tienes tu verdad, yo tengo la mía. No hay una verdad universal." La sociedad ahora acepta y actúa en base de los dos pisos, o dos "reinos" de verdad: la verdad *personal* y la verdad *cultural o social.*

Esto es el posmodernismo. Este mal se ha infiltrado posteriormente a todos los ámbitos de la cultura.

---

[7] Nancy Pearcey, Verdad Total, Libera el Cristianismo de su Cautiverio Cultural, (Editorial JUCUM, Tyler, Texas, EE.UU., 2014), p. 19.

También el posmodernismo es una realidad en la política y en el acto de gobernar.

¿Cómo está infectando el posmodernismo la política actual? Todos hemos escuchado a los influenciadores de la opinión pública quienes dicen cosas como, por ejemplo: "No se puede legislar la moralidad", también dicen "Deje sus creencias en la casa", o "El estado no debe fomentar ni promover ninguna religión en especial." Otro ejemplo "Deje su cristianismo en casa cuando venga a realizar su trabajo." Estos y otros dichos hacen eco de la filosofía secularizada, en la que hay un divorcio de la fe y las creencias de aquello llamado lo científico y lo racional. Vale decir, en la política se ha abierto una brecha entre la verdad objetiva versus las creencias personales, como reflejo del pensamiento postmoderno en la visión que tienen muchos hoy sobre la vida.

La casa del gobierno, el senado, la oficina del alcalde, ¿son acaso lugares donde no corresponde expresar la fe en público? No fue así cuando Chile se fundó. Bernardo O'Higgins, el padre de la patria, se rodeó de hombres ingleses, de forma intencional, y les abrió una amplia oportunidad de influir la escritura de la primera Constitución del país. Esta perspectiva dio origen al Chile que conocemos.

La historia de las revoluciones en la era colonial de Latinoamérica demuestra que las leyes de la nación debieron ser basadas en la misma Ley divina. Entonces, cuando la nación de Chile nació, al igual que muchos de los países en el continente sudamericano, la fe y las creencias cristianas influyeron fuertemente en la formación de las constituciones originales.

Desde esta mirada, preguntamos: ¿Debe el cristiano integrarse en la clase política o ser un líder político? ¿Qué sucede si un creyente se integra al mundo de los políticos o alguna rama del gobierno? En otras palabras, ¿es la fe cristiana un polo opuesto al servicio político o de algún modo entre los dos, la fe y la política, puede haber mundos paralelos?

La Biblia entrega ejemplos sobresalientes de personas, tanto hombres como mujeres, quienes formaron parte de gobiernos y fueron insertos, a veces por la fuerza, al liderazgo o la gobernación de un país. De ellos podemos sacar importantes ejemplos de cómo y por qué un cristiano hoy también puede tener una influencia en la dirección de su país.

Consideraciones Bíblicas:

En primer lugar, a través de la historia del pueblo judío, se ven varios "hombres políticos" que, sin ser reyes ni generales, fueron parte de un gobierno, el cual hasta a veces era totalmente pagano. Una breve lista sirve para mostrar que la integración a una administración de un determinado rey les proveyó de muchas oportunidades influyentes e importantes. De este nivel entendemos que en la soberanía divina era parte del plan de Dios para que hombres piadosos entregaran un marco de referencia monoteísta frente a reyes e imperios diversos.

Personajes bíblicos que participaron en la política:

Nehemías, el asistente personal del rey de Babilonia. Siendo un hombre de confianza del rey Artajerjes, estaba dotado de especial influencia tanto en las leyes como en la toma de decisiones del rey. Nehemías fue seleccionado por Artajerjes porque poseía las cualidades de un hombre imparcial, confiable y sabio (ver Nehemías 2:1-10). Él demostró las cualidades necesarias para ser un líder a nivel imperial y gozó de una influencia clave para el gobierno de Babilonia.

Daniel, el gobernador real, primer ministro de Babilonia. Daniel ejerció una función por nombramiento, parecido a un ministerio de hoy, en el mismo país que Nehemías. Claramente Dios preparó al joven de entre 17 a 22 años, quien accedería al palacio de Nabucodonosor, con la función de un miembro del gabinete de rey (considera Daniel 1 y 3). Daniel poseía un don especial: interpretar los sueños. Esta destreza divina fue estratégica para el momento que vivía la nación judía, permitiéndole a Daniel llegar a ser un defensor de dicho pueblo.

Con esto no pretendo que Dios haga lo mismo respecto a la dotación especial de interpretar sueños hoy a algún creyente. Pero no deja de ser que un creyente, por su vida piadosa y de integridad, tenga una perspectiva y un conocimiento valioso distinto que el común de las personas. Al menos creo que, siendo un hombre o mujer de la Palabra de Dios, es posible que sus convicciones marquen sus postulaciones políticas.

José, el esclavo hecho vice rey, segundo sólo después del mismo Faraón. Otra vez, un gobernante que fue ascendido por sus capacidades extraordinarias de poder interpretar los sueños. No es eso, sin embargo, la condición necesaria para lograr este puesto importante. José se destacó primero en la cárcel por ser un administrador excelente. A los gobiernos modernos les podría ser extremadamente útil un funcionario como José, quien sabe manejar las cuentas, organizar proyectos y prever para el futuro de un país.

Vemos en José una inusual sapiencia en Génesis 41:1-46, especialmente en los versículos 14-16, 46. De manera tácita, es entendible que lo que necesita un gobernante en su gabinete son personas como José, de carácter decidido, de valores arraigados y ¡especialmente personas que saben sus límites personales!

Moisés, en el contexto israelita, fue un legislador por excelencia. Claramente nombrado por el Dios de Israel, conoció sus primeros lineamientos de la legislación nacional cuando en Egipto, siendo considerado el hijo de la hija de Faraón, le enseñaron sus leyes junto con sus respectivos castigos y condenas. Pero es de crucial importancia entender que, por la revelación divina que Dios le dio a Moisés, las leyes Israelitas se enfocaron en principios distintos que las de Egipto. Moisés transmitió los conceptos recibidos del Dios de Abraham, Isaac y Jacob, un Dios vivo, activo y santo. Muy por encima de los dioses paganos de Egipto, el Dios de Israel proveyó leyes a la nación naciente que llegaron a ser decisivos para ellos y la cultura occidental moderna.

En otra época, en el momento del nacimiento de la iglesia primitiva, también hay muchos ejemplos y enseñanzas específicas. No hay que olvidar que los apóstoles y los cristianos del primer siglo no buscaban estar involucrados en la política, pero por necesidad, fueron obligados a enfrentarse con el sistema político del día.

Ejemplos del Nuevo Testamento:

1) Hechos 4:8-20 y 1 Pedro 2:13-17: los apóstoles reconocían y respetaban tanto a las autoridades judías, como a las romanas. Esto quiere decir que el cristianismo no fue un movimiento revolucionario en contra del orden establecido.

Los temas eje del trato con el gobierno son respeto, honor, el actuar, siendo hombres y mujeres libres, en una manera digna, y la sumisión a las autoridades.

El mismo apóstol Pedro quien respondió con valentía y firmeza que no podía desobedecerle a Dios, a pesar de la orden dada por el Sanedrín (cuerpo israelita como el congreso moderno), es el mismo Pedro que exhortó a los cristianos perseguidos a someterse al gobierno humano. Sólo cuando las órdenes del gobierno fuesen en contra de la voluntad de Dios era aceptable actuar en forma contraria a las mismas leyes. Pero de igual manera, Pedro y sus compañeros estaban conscientes de que el cristiano sufriría por ello eventualmente.

2) Hechos 4:19-20; 5:29-30: al enfrentar las leyes humanas que se oponían a la ley de Dios, los apóstoles tomaron una posición en contra, mostrando así sus convicciones personales.

El conflicto en ambos pasajes se originó a causa de la libertad de expresión personal de su fe. Esta represión contra ellos fue entendida como algo permitido por el Señor, pero los apóstoles siguieron predicando y enseñando en desobediencia a las autoridades de la nación judía. Por lo tanto, se ve en estas acciones la posibilidad de la desobediencia civil que en ocasiones contadas ha sido adoptada por creyentes. De igual modo, también comenzó la persecución contra la iglesia. En resumidas cuentas, la libertad de expresión fue tan valiosa que los apóstoles estaban dispuestos a sufrir por ella, impulsados por obedecer a Dios antes que a los hombres (Hechos 4:20).

3) Al leer Hechos 4:13; 5:1-11, 26, 39; 26:26, se observa la actitud tomada por los apóstoles y la iglesia en general frente a los asuntos morales, éticos y políticos. Debido a su carácter piadoso, honrado y ejemplar, gozaron de un respaldo para apelar a una autoridad mayor, vale decir, la moral de Cristo. Por el contrario, se observa que su postura no era radical en su actitud hacia las autoridades civiles. Nunca intentaron crear un movimiento en contra de las autoridades, pero tampoco escondieron su actuar (Hechos 26:26).

Resumiendo, según los ejemplos bíblicos, entendemos que los apóstoles mantuvieron una actitud reverente y un respeto constante hacia el Sanedrín, hacia las autoridades políticas de la nación de Israel y también hacia el gobierno reinante. Pero, por otra parte, no fueron tímidos ni esquivos al defender sus convicciones de que la voluntad de Dios para la iglesia incluía, según el caso, marcar una diferencia entre la libertad de culto y la expresión personal de la misma y las prácticas represivas de los líderes judíos cuando se manifestaron en contra de la iglesia.

Para los cristianos primitivos, nadie ni nada superaba la Palabra de Cristo al ser testigos de su Nombre. Ni siquiera las autoridades patriarcales de una nación corrupta, que había transado su integridad con el gobierno opresor romano, pudieron más contra la convicción de los creyentes del primer siglo.

¿Cuáles principios podemos extraer de estos eventos? Son al menos tres:

1) El respetar a las autoridades de una nación no elimina la posibilidad de discrepar de sus órdenes o incluso desobedecerlas. Aunque el creyente corra el peligro de sufrir por ello, le será necesario en esta situación pedir al Señor la gracia para aguantar las consecuencias. Exactamente por qué desobedecerlas es un estudio aparte de este libro. La única causal presentada en el libro de Hechos fue la de una orden directa hacia los líderes de la iglesia a callarse en la predicación.

2) Los creyentes en la Palabra de Dios hemos de abogar por la libertad de expresión, la libertad de culto

y la libertad de prensa. Creemos que son derechos inalienables dados a cada ser humano por el Creador. Este costoso y precioso derecho se debe defender para resguardar la predicación del Evangelio y de vivir una vida tranquila. Nos corresponde siempre preservar tales derechos para todos, de cualquier religión, credo, fe o doctrina, sabiendo que, al hacerlo, se defiende un derecho esencial de la vida.

Este mismo derecho se consagró de manera institucional en Chile cuando se aprobó la Ley de Culto de 1999.[8] Desde la escritura de la Constitución Política de Chile en 1980, se consagró una libertad moderada de culto, pero no existía un trato igualitario para todos los credos. Este derecho es ahora un hecho bien arraigado en Chile que, a todas luces, aún le falta una plena implementación en la legislación chilena en algunos puntos. ¿Será que una razón que se quiere partir de cero en el proceso de redactar una nueva carta fundamental nacional en Chile es porque se desconoce la riqueza de la Constitución actual? Si usted y yo ignoramos lo que hay como facultades cívicas y políticas, ¡puede que las perdamos para siempre!

3) De particular importancia es la convicción fundamental de que la iglesia de Cristo no recibió de Dios ningún mandato para intentar controlar, manejar, dirigir ni castigar a las autoridades civiles. La iglesia de Cristo posee otros fines de mayor calibre y duración que los que se ve que el gobierno humano posee.

---

[8] Biblioteca del Congreso Nacional de Chile, Ley 19.638. Versión PDF. Acceso 09 de septiembre 2020

No es la iglesia universal ni local un mero siervo de las autoridades gubernamentales ni tampoco es un palo para castigarlas. Pero, si a algún lector no le convenzo aún de los dichos en el punto tres, le pido la paciencia porque explicaré las razones de por qué digo aquello más adelante.

Ahora veremos los aspectos fundamentales del modelo bíblico del gobierno y, por ende, modelos de consideración para la participación del creyente en la política nacional, local y estatal.

DIOS Y LAS TRES INSTITUCIONES:

Fundado en la certeza de que la Biblia posee la autoridad total como Palabra de Dios, siendo inspirada por Su Santo Espíritu, es importante reconocer que el Señor ha establecido tres instituciones, las cuales son absolutamente cruciales para la buena operación de la vida del hombre y para la sociedad. Es como la ilustración al comienzo de este estudio: el gobierno es una especie de empaste de un libro que une y junta todas las hojas sueltas, y así forma un total cohesionado. Las tres instituciones son:

1. **La familia:** es una "piedra angular" para la sociedad, la cual deberá reflejar el orden de la Deidad (véase I Corintios 11:3 comparado con Efesios 5:21-32, y también Génesis 1:26-28). En el contexto de la familia, Dios estableció la función del orden personal e individual. La familia es responsable de traspasar a los hijos las normas de vida que Dios, el Diseñador Maestro, inculcó en el hombre por su conciencia y por la moralidad. Luego, Dios estableció otra institución. Este concepto está consagrado en la actual constitución de Chile. No le falta más protección para el núcleo familiar.

2. **El gobierno:** es una piedra fundamental. El gobierno cumple otra función, una función que claramente no está en manos de la familiar realizar, y esta es mantener el orden cívico, proteger al ciudadano y castigar al infractor de la ley (Génesis 9:5-7; Romanos 13:1-7). Por medio del

gobierno, Dios fija el patrón de la responsabilidad del hombre para con su semejante.

Cabe mencionar que es curioso que Dios en la Biblia nunca aprueba ni desaprueba los monarcas ni los imperios. Dios permite que el mismo hombre decida la estructura del gobierno que la sociedad elija. Vivir en una democracia es un privilegio tan grande, y si no se cuida, posiblemente se pierde por la apatía.

Por otra parte, afirmo que los gobiernos tiránicos o los gobiernos autoritarios serán juzgados por el Creador de acuerdo con cómo trate al ser humano (vea Daniel 9:4-8 al respecto). Por ello el profeta Daniel asegura que Dios "es quien cambia los tiempos y las edades; quita reyes y pone reyes" (Daniel 2:21, LBLA). Finalmente, la tercera institución que Dios creó es la iglesia.

3. La iglesia: esta última institución fue establecida por Dios de modo muy diferente que el gobierno y la familia. La iglesia fue formada a través del precio que Él mismo pagó con la sangre derramada por Su propio Hijo, Jesucristo. Esta institución (lo digo como rótulo, sin ignorar el alma de la iglesia, la cual es un cuerpo espiritual) tiene que ver con un área totalmente diferente que las primeras dos. Su función es compartir el orden en el ámbito *espiritual y personal, en el contexto de un cuerpo vivo y capacitado por el mismo Espíritu Santo* (Mateo 16:15-18; Hechos 2; Hebreos 8:6-13).

Entonces, estas tres instituciones, diseñadas y forjadas por el Señor mismo, cumplen cada una con un fin distinto y con una función interrelacionada, pero NO necesariamente dependiente o sujeta a la otra. En un sentido, cada institución que Dios fue formando fue *construida sobre la debilidad de la institución que la antecedía*. Es más, existe también una distinción muy importante entre cada una de estas tres instituciones. Saber dónde distinguir y cómo separar cada una de ellas le corresponde al creyente en Cristo. Este es el desafío que ahora procuraré explicar.

Conceptos históricos de la relación entre gobierno y sociedad

Existen, básicamente, a través de la historia del cristianismo, cuatro perspectivas del concepto de los "dos reinos." Las flechas indican autoridad y poder sobre los grupos respectivos de las personas indicadas. La línea también señala una jerarquía establecida por motivo de la fuente de su autoridad.

1. El concepto Católico Romano

El Papa Bonifacio VIII, en 1302 declaró el siguiente patrón:

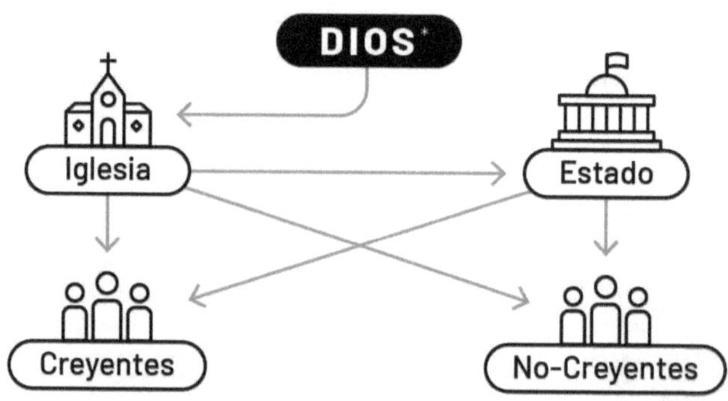

*Adaptado de God & Cesar, Christian Faith & Political Action, por John Eidsmoe, Crossway Books, 1989.

2. El concepto Anabaptista
(Siglo XVII)

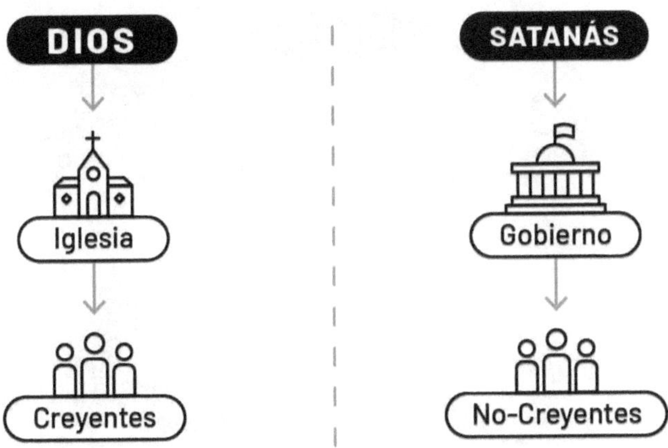

3. El concepto Calvino

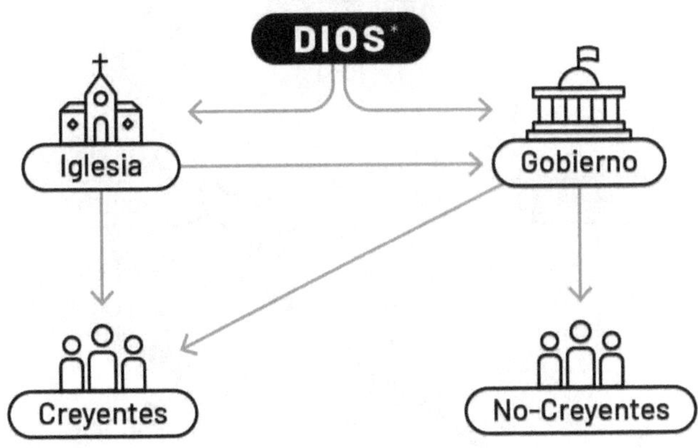

4. El concepto Luterano

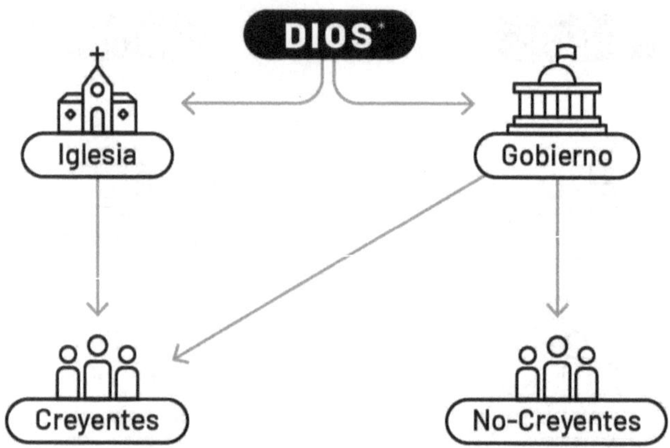

C. Un modelo Evangélico actualizado

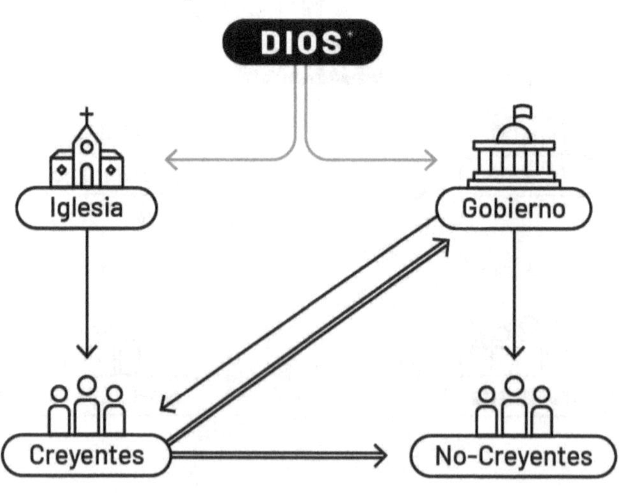

Los modelos tradicionales de gobierno, desde la Edad Media en adelante, tienen sus adherentes modernos en varias partes del mundo. Sólo que en algunos casos hay quienes se toman el lugar de Dios, creyéndose la autoridad máxima nacional y final cuando tratan de obligar a todos a acatar sus preceptos "inspirados."

El primero de ellos, el concepto católico romano, se distingue por la idea de que Dios *no controla el mundo del estado excepto a través de la iglesia* y, por lo tanto, la iglesia está "a cargo" del mundo del inconverso, con o sin su beneplácito. Este modelo representa una autoridad unilateral y exclusiva sobre todos los seres humanos en un determinado país.

El modelo anabaptista, fundado principalmente en Colosenses 1:12-13, separa el mundo y la sociedad en dos grandes grupos: el grupo de los que son "del reino de las tinieblas" y el reino del glorioso Hijo de Dios. Los dos reinos no pueden, ni deben, entremezclarse. Históricamente, en la práctica, esta ha sido la postura de los pentecostales y los ultraconservadores en países democráticos. Sin embargo, es más que obvio que en Chile la iglesia pentecostal ha evolucionado en su pensamiento respecto a los dos reinos, convencida de que a la iglesia le pertenece el campo de la política, por definición del *campo de acción de la iglesia*. Ahora la iglesia pentecostal ha incursionado en la promoción de leyes, proyectos y legislación. Este modelo original *era* lo que la iglesia pentecostal en Chile había seguido desde siempre, prácticamente desde los orígenes de la iglesia pentecostal en Chile. Hoy es un cuadro muy diferente.

El modelo de Juan Calvino es particularmente estricto en que su signo vital está relacionado con una dirección del gobierno humano por la iglesia, pues la iglesia representa los intereses divinos y el estado cumple sus deseos y sus designios. Este modelo coloca en manos de las autoridades eclesiásticas la máxima responsabilidad de velar por el bien de la sociedad al igual que por la iglesia de Cristo. Hoy en día los países en donde se ejerce este modelo ya no se ven por ningún lugar.

Martín Lutero tenía un pensamiento que abogaba por más distancia entre la iglesia y el estado, pero no de manera tajante, pues Dios es quien reina sobre ambos. Este modelo opera dentro de un estado "laico" y una iglesia "separada" del estado. Puede haber colaboración entre los dos, pero no una obligación ni una exigencia del uno hacia el otro.

Históricamente este modelo es el que más fue adaptado por los fundadores del experimento democrático en los Estados Unidos originalmente. El "experimento", llamado así por la federación de los estados unidos que idearon los fundadores de la nación norteamericana, tenía sus raíces en un gobierno federal representativo, porque la convicción de los fundadores era que el ciudadano le cedía al gobierno, de manera voluntaria, pero representativa, la autoridad para gobernar. Este concepto tiene por base la creencia de que todos los seres humanos están creados con "derechos inalienables" dados por el Creador Dios. Por lo tanto, el gobierno tiene el sagrado deber de cuidar, legislar y de mantener dichos derechos. Pero nunca estuvo en la mente de los fundadores de la nación de Estados Unidos que el gobierno pudiera existir por sí mismo. El gobierno es un ente necesario sólo en la medida que la ciudadanía le permita y le confíe gobernar.

Finalmente, el modelo de este autor se llama "un modelo evangélico para hoy" al referirse a tres realidades.

Primero, no ignora, sino resalta la soberanía de Dios tanto sobre la iglesia como sobre el estado, no importando si es un estado democrático o no. Dios "pone reyes y quita reyes" (Daniel 2:21) en todas las naciones de este mundo.

Segundo, de particular importancia es la creencia de que la iglesia local o nacional no es el ente que Dios usa para dirigir o para restringir al estado. La iglesia existe para la edificación del creyente, la evangelización del inconverso y la exaltación del Señor de señores, Jesucristo mismo. El estado no puede cumplir estas finalidades.

En tercer lugar, este es un modelo que promueve la responsabilidad del creyente de servir a las demás personas como un instrumento de justicia en un mundo caído, a través de una interacción y una influencia positiva, proactiva y santa, por medio de la política y las labores comunitarias, estatales, federales y militares.

Considere los textos relacionados:

Vea Tito 3:1; 1 Tim. 2:1-2; Romanos 13:1-7; 1 Pedro 2:11-17. El último gráfico difiere de los anteriores en el énfasis dado al deber del creyente de ejercer una influencia piadosa, temerosa de Dios sobre las instituciones humanas. No por ser parte del Reino de los Cielos se excusa el creyente del privilegio, ni del deber de ejercer la responsabilidad ciudadana en una determinada nación o país. En las palabras del famoso autor antiguo: "Lo único que tiene que hacer el hombre bueno para que la maldad reine, es no hacer nada." Los cristianos, por tanto, debemos funcionar en el mundo, pero no ser como el mundo. Debemos promover la santidad, la honestidad, la gobernación responsable, justa y por ley. Si el cristiano hace caso omiso de este campo de acción, no le quedará nada más que hacer, y terminará siendo controlado por un estado irreligioso, o peor aún, amoral y corrupto.

Cómo aplicar el modelo evangélico a la política:

Ser un creyente hoy conlleva riesgos inherentes e inevitables. Siempre hubo un grado de peligro. El peligro, sin embargo, no es causa justificada para evitar el campo de la política como una manera de que los creyentes ejerzan una influencia positiva en la sociedad. Ser ciudadano del cielo no quita el deber de ser un representante moral y recto del cielo en la tierra. ¡Las Escrituras lo avalan y la historia también!

En segundo lugar, reconocemos que nunca la Biblia

excusa al creyente de dar testimonio de su fe, esté donde esté, incluyendo los lugares altos del gobierno. Los ejemplos mencionados en el Antiguo Testamento acreditan esta verdad. José rescató la nación de Egipto de la triste situación de una hambruna. Daniel guio al rey más poderoso del mundo oriental a prepararse para cambios inevitables. Nehemías fue el instrumento de Dios primero en la corte de un rey asiático, seguido por la obra de reconstrucción más sobresaliente de la historia de Israel. Cada uno de ellos tuvo una voz y un ejemplo crucial en el plan de Dios para las naciones. También hoy Dios ubica a hombres y mujeres en lugares estratégicos para dar testimonio de Él en los gobiernos "paganos" y secularizados.

Es a través del camino de la influencia piadosa y humilde en la política que muchos más conocerán a Dios. No debemos pensar que la labor primordial de la iglesia es salvar a la sociedad, ni tampoco que el cristiano será "el salvador" del poder reinante. Sin embargo, es una necesidad urgente orar por las autoridades (1 Timoteo 2:1-3) y también colaborar con ellos en la tarea de gobernar el país, al ofrecerles la luz del Evangelio.

Si bien es cierto, hay una deshonestidad y una corrupción tan prevalente en el mundo político hoy, eso no dista de las mismas tristes condiciones de la banca financiera, la medicina, la educación, la producción y la industria, o cualquier otro campo laboral.

Con la mirada puesta firmemente en el Dios de la historia, el cristiano hoy puede glorificar a Cristo a través de una preparación académica y profesional; así servirá mejor a su pueblo o nación. La preparación teológica, bíblica y ética de un creyente que aspira a ser un instrumento de la verdad divina en el mundo de la política, deberá ser no menor ni ligera. Leer y digerir tomos importantes sobre la cosmovisión bíblica, sobre el mantenerse firmes en una Babilonia moderna, es fundamental. Pero más importante aún que lo que se lee o estudia, es el principio del liderazgo proactivo de Nehemías, quien se preparó de manera cuidadosa antes de ir a levantar el muro de Jerusalén.

El cristiano debe elegir sus luchas, y debe llevar las "armas" espirituales necesarios antes de incursionar en el campo político. Cuando Dios opera a través de él o ella, en el campo político muchos verán que seguir a Cristo le abre puertas en toda carrera y todo aspecto de la vida.

INVOLUCRARSE ES NECESARIO EN NUESTRA EPOCA

Desde la fundación de la iglesia, la pregunta siempre ha sido: cómo estar en el mundo, pero *sin ser del mundo* (Juan 15:19). Esta pregunta es la disyuntiva que todo cristiano deberá responder ante Dios en el silencio de su propio corazón.

Tradicionalmente en Chile, aquellos valientes, pero desacertados, cristianos que se alejaban de la vida política del país a favor de evangelizar, quedaron, a final de cuentas, desvinculados de la cultura en general. La razón de no estar involucrados en la política era para priorizar la predicación de la Palabra de Dios, pero ¿por qué no predicar tanto en el templo como en la junta de vecinos? O ¿por qué restringir el vivir una vida distinta, consagrada, en términos de valores y de conducta, a sólo aquellos salones de la iglesia, evitando los pasillos de la universidad o del municipio?

Se puede ver que el *separatismo extremo cristiano* se confundió con el *sectarismo*. La iglesia cristiana quedó encerrada en cuatro paredes, cuando el Fundador y el Autor de la fe siempre predicó que lo que debía hacer el cristiano es llevar la paz y la santidad al mercado (el ejemplo de Leví, también llamado Mateo, y sus amigos) o al banquete (la boda de Canaán), cualquiera que sea el caso.

Durante nueve años, este autor vivió y trabajó en la fundación de una iglesia en Vitacura, en la ciudad de Santiago. Era común tratarse con hombres y mujeres secularizados, fascinados con el progreso de la educación y la formación socioeconómica, consideraban el tema "religión" como no-relevante, y asumían la postura del inteligente y el culto. Decían nadie realmente "necesita" la religión, y menos la Biblia, un libro compuesto de mitos y leyendas tomadas de otras religiones. ¡La creencia en el dogma cristiano quedó en la edad media! ¿Por qué concluir así? Porque el hombre moderno es un hombre mundano, terrenal, secularizado. Con todo, el hombre actual simplemente sonríe condescendientemente cuando ve a un cristiano evangélico, a quien le acusa de no saber en qué era está viviendo.

Esta actitud está escrita en los periódicos, en las revistas, en los comentarios culturales y en los libros en Chile, pero es una filosofía prestada de Europa, Estados Unidos, Canadá y Australia. En palabras simples, la secularización de Chile, y Latinoamérica, surge de un pozo de ideales humanistas, proclamando que todo lo religioso ha fallado, y que el hombre libre de verdad es aquel que deja a un lado las cadenas de la fe y las cambia por una vida de logros científicos y de placeres personales.

Frente a los gigantes obstáculos del consumismo y el secularismo, es irresponsable evitar el mundo político por completo, cuando solamente la cosmovisión bíblica cristiana tiene respuestas para las crisis de hoy. Esta actitud lleva a abandonar el país a sus propias deliberaciones humanas ciegas, las que eventualmente terminarán en clausurar las pocas oportunidades restantes de servir a Dios a través del mundo de la política.

Por esta razón, propongo que vayamos hacia una influencia santa en un ámbito donde el poder y el dinero corrompen, propulsados por la convicción de que Dios es más grande que los reyes o los presidentes. Que Dios nos provea de la determinación, la inteligencia, la fuerza y la claridad para ver cómo implementar leyes, normas y proyectos que abogan por la santidad de la vida y por un país que honre al Creador. Que la visión para el hijo de Dios sea siempre la de aceptar el reto de vivir con la tensión de ser siervo del Dios vivo en medio de una cultura muerta e irreligiosa. Ahora bien, hacerlo de tal forma que nuestra teología sencilla y evangélica sea la brújula para guiarnos a través de trampas, engaños, los tediosos lobbies y toda la influencia de la clase política, para demostrar que Cristo trasciende aún todas estas averías culturales, para proveer una forma digna, respetuosa, íntegra y honesta de gobernar la nación que tanto necesita del Evangelio.

Cristianos Renovados, no Cristianos Rebeldes:

Después de examinar tanto las enseñanzas de Cristo como también los principios bíblicos que avalan la colaboración de cristianos en el proceso político, queda la pregunta de un millón de dólares: "¿puede el cristiano participar en el proceso político?". Por el tema del espacio en este tomo, no enumeraré ni intentaré desarmar las muchas objeciones la idea de que es bíblico que el cristiano participe en la política. Creo que los principios planteados proveen un cimiento sólido para creer que sí: el cristiano puede y debe participar de manera personal en la política. Para quienes desean investigar más sobre el tema, les recomiendo leer el libro ya mencionado por Nancy Pearcey, *Verdad Total: Liberar el cristianismo de su cautiverio a la cultura.*

Aquí intentaré plantear razones de por qué un cristiano puede, es más, debe, participar en el proceso político. Por lo cual, a continuación, intentaré esbozar varias maneras basadas en el sentido común que incentivan al cristiano a ver la política como un campo de acción legítima y valiosa en nuestra cultura occidental, democrática, construida sobre las bases del cristianismo.

Primero, todo cristiano que vive en una democracia tiene el deber de emitir su voto, a nivel nacional y local. El que huye de la responsabilidad de votar, o por la inconveniencia, o por la lucha de ideales, solo se limita a vivir con la opinión de la minoría, o peor aún, de una secularización impuesta. El voto fue consagrado por la sangre de quienes lucharon hasta la muerte en Chile para la institucionalidad democrática que se expresa a través del voto. Votar no es un mero "deber cívico," sino un mecanismo para la expresión personal de los valores, las convicciones y las aspiraciones personales. Visto a esta luz, el cristiano que no vota es un ciudadano inactivo, o aun más, un actor proclive a la voluntad del pueblo.

Un excelente ejemplo moderno en Chile del valor del voto se relaciona con el debate en cuanto a la educación sexual en los colegios. Los programas tales como "Educación Sexual Integral" (ESI) posiblemente sean impuestos a nuestras familias por la mayoría de voto en el Senado y el Congreso. Posiblemente veremos a los niños de seis a ocho años sexualizados a tal extremo, que la moral será cosa del pasado y la familia una mera memoria leve. Decisiones legislativas y casos difíciles que llenan las cortes del país, a veces terminan siendo decididos por un solo voto. Por lo tanto, nadie debe pensar que "mi voto no importa" porque asuntos de mucha gravedad se resuelvan con un solo voto. Por lo cual el voto suyo sí, importa.

Segundo, Chile, al igual que gran parte de Latinoamérica, está experimentando un hacinamiento poblacional y el conglomerado de las personas de muchas nacionalidades desde hace tres décadas. La inmigración entre pueblos es un fenómeno que es imposible negar, por lo que es más acertado, actualmente, encontrar a personas que poseen una cosmovisión cristiana en términos generalizados. Por ello, estamos ante una mayor capacidad de fortalecer la práctica de la religión que de abandonarla. Pearcey cita al sociólogo Christian Smith al decir "en lugar de ser causa de la secularización y el decaimiento de la religión, el *pluralismo fortalece la religión.*"[9] Una ola de nuevos inmigrantes de distintos lugares como el continente africano o del Caribe hacia Chile pareciera una incomodidad o una inundación de ideales extraños. Pero este movimiento migratorio es, en realidad, una oportunidad sin igual para que los creyentes manifiesten el amor por el prójimo.

---

[9] Nancy Pearcey, Saving Leonardo, A Call to Resist the Secular Assault on Mind, Morals and Meaning, (Nashville, TN: B&H Publishing Group, 2010), p. 21.

No es solamente el aumento de culturas y prácticas distintas a las nuestras lo que se genera al recibir al inmigrante. También se abre la puerta para que la moral y la ética cristiana se unifiquen, como un imán, que atrae hacia sí mismo a otros imanes. Este es un momento particularmente oportuno para que la iglesia del Señor Jesús sirva a los que están en necesidad y, de esta manera, levantar la voz por quienes no tienen voz. Es nuestra obligación cristiana ejercer la verdadera igualdad de oportunidad y vivir en conformidad con la "regla de oro": "así como quieren que otros les hagan a ustedes, hagan lo mismo a ellos" (Mateo 7:12).

Involucrarse en la política nacional es una plataforma legítima para que el seguidor de Cristo, quien añora vivir las normas del Sermón del Monte en cuanto a lo que de día a día se quiere, pueda aplicarse de manera nacional y local.

Tercero, un campo de acción muy urgente en Chile, en donde el creyente tiene que considerar una acción proactiva, es la defensa de la vida. A través de mecanismos legales y usando los medios de apoyo constitucional, el cristiano ha de involucrarse en el campo de batalla que le espera, para defender la vida del no nato. Esto incluye, por ejemplo, consejería a las jovencitas que están quedando embarazadas y a los jóvenes que están dejándolas embarazadas igualmente. Requiere que el estado implemente y provee oportunidades de hablar con la juventud, puesto que las otras voces del feminismo, la identidad de género y otros, están bombardeándolos a diario. Es aquí donde el creyente, con una visión bíblica de la vida, debe actuar, inteligentemente, con aquellos que comparten una visión similar y, así, promover una alternativa sana, centrada en la protección de la familia, y respaldada y apoyada por leyes que procuran sostener y mantener la vida humana.

Cuarto, para poner claridad en el tema, estas recomendaciones las doy para lograr que el cristiano, con toda tranquilidad y voluntad, se relacione y se aplique en dar un testimonio fuerte y claro en el campo político. Al reconocer que todas las áreas de la vida (hogar, familia, trabajo y el área cívica) están bajo el señorío de Cristo, no debe el cristiano quedarse en la banca de su equipo. Se tiene que competir, dando lo mejor de sí. Estos cuatro contextos, al igual de muchos más, se convierten en nada más ni menos que un servicio humilde y apasionado.

Cabe señal que este servicio es el privilegio del individuo, no de la iglesia local, cuya misión y razón de ser es representar a Cristo Jesús. El creyente en Cristo le sigue a donde Él le lleve. La congregación, nuestra familia de la fe tiene propósitos claramente delineados en el Gran Mandamiento (Mateo 22:36-40) y la Gran Comisión (Mateo 28:18-20). Más allá, la Iglesia como cuerpo se restringe a capacitar y apoyar al creyente individual en su función de ser sal y luz en un mundo perverso. La iglesia como tal es el hospital para el herido, el refugio para el abatido y la escuela para desarrollar convicciones y carácter. No obstante, la iglesia no puede dejar de lado las órdenes del Señor Jesucristo; hay vidas en peligro eterno y ningún programa, ley o proyecto social va a cambiar la condición eterna de una sola alma.

UN PARADIGMA PRÁCTICO PARA EL CRISTIANO PARTICIPATIVO

A la luz de esta verdad, la vida que ahora vivimos en Chile, y en cualquier país democrático, depende (humanamente hablando) de la libertad de elegir de acuerdo a lo que uno cree. Está claro que el cristiano no puede quedar al margen de los procesos legítimamente protegidos por la constitución para promover y para defender la fe cristiana; esto es, a través del gobierno.

En la Alemania nazi, un pastor pagó el precio supremo por defender la libertad y la expresión de la fe. Este pastor también estuvo dispuesto a colaborar con un plan para remover a Adolf Hitler, quien dominaba, de manera hechizada, al país entero. Hitler había logrado convencer a Alemania de su plan para purificar la raza aria y para tomar el dominio total del mundo. Por el contrario, Dietrich Bonhoeffer sacrificó su libertad por defender el derecho a creer lo que la consciencia le dictara. Todo el tiempo, antes de llegar a pagar el precio máximo, Bonhoeffer reclamaba su deber ante Dios de hablar a favor de la fe cristiana y los principios fundamentales de la libertad de consciencia, del respeto por la vida y de la responsabilidad cívica, costara lo que costara. Él es un ejemplo loable para el creyente de hoy: reconoció que su libertad era menos importante que la libertad de culto y de la expresión ante un poder avasallador e impío.

Al igual que Bonhoeffer quien estuvo dispuesto a sacrificarse por la causa de la fe, nosotros los cristianos hoy debemos defender los valores bíblicos. Participar en el proceso de gobernar la nación siendo cristiano es una opción legítima a través de la interacción sociopolítica. Se arriesga perder la libertad de expresión y de culto si nos marginamos del quehacer nacional y político. Sabemos que en verdad el hombre libre es libre solamente mientras puede expresar y compartir su fe, con el permiso del gobierno o, en la condición peor, sin tal aprobación. Esto conlleva a que, mientras se nos permita vivir conforme a la palabra de Dios, cuidemos de cómo usamos la libertad para que otros puedan también gozar de ella.

En conclusión, le pido que considere cómo Cristo Jesús respondió al gobierno de su día:

"En resumen, Jesús rechazó la idea del estado como un absoluto, pero tampoco levantó una guerra en contra de él. A quienes deseaban poner el estado como autoridad absoluta, Jesús les recuerda que rendía a Dios lo que es de Dios. A los que quieran sublevarse en contra del estado, les exige que entregaran a César lo que le pertenecía. *Jesús actuó tanto en sujeción a la autoridad general del estado mientras vivía por encima de lo mismo al cumplir su misión y ministerio.* La enseñanza de Cristo y la función del estado cruzaron en aquellos puntos donde la enseñanza moral de Jesús valía para acusar a los en el poder, y en puntos donde el interactuó con los intocables política y socialmente a fin de satisfacer las necesidades de ellos…"[10]

El reto pendiente para el creyente en Cristo para nuestro día es vivir hoy de acuerdo con el mismo

---

[10] Feinberg y Feinberg, Ethics for a Brave New World (Ética para un Nuevo Mundo Valiente, Westchester, IL: Crossway Books, 1993), p. 389, énfasis añadido.

patrón que Jesús enseñó: servir a los demás por amor al prójimo y para glorificar al Dios del cielo. En el siglo XXI escasamente podrá uno encontrar un estado en las américas que no disputa con un desequilibrio en la función del estado. Por esta razón, tenemos que dejar de excusar la inactividad y ponernos el pantalón largo de un cristiano inteligente y maduro. La política en si no es el problema, sino es la naturaleza caída del hombre y de nuestra sociedad perversa.

Cuando un libro empiece a mostrar signos de un empaste resquebrado el librero busca repararlo prontamente para que las ricas verdades allí preservadas no se pierdan. Por décadas las sociedades democráticas han sido presionadas, torcidas, quebrajadas y polucionadas por filosofías humanistas, liberales y materialistas. Con poca resistencia, a veces los gobiernos han logrado legalizar el aborto y el divorcio, han aprobado leyes que reducen la patria potestad, y han creado instituciones que minan los roles de la familia, de la iglesia y de la libertad. Son decisiones que se toman sin un testimonio y un juicio arraigado en las verdades bíblicas. Estas tendencias están aumentando rápidamente en el mundo moderno. No se ve un retroceso en el futuro cercano.

Nuestro día es un día de oportunidad. En forma urgente, hay una necesidad para que el creyente consagrado aproveche esta plataforma. El precio es algo para el liderazgo político. Lo fue para Daniel. Pero en plena dependencia el Señor Dios, Daniel puso un modelo de ser un líder político que estaba a margen de las pequeñeces y las personalidades, para dar consejo sabio e inteligente más allá de sus años, quien se propuso en su corazón mantenerse puro de los ídolos del mundo, al entregar decisión y piedad en el mundo político. Estos creyentes participativos del mundo, en las reestructuraciones sociales y en los proyectos nacionales son justo lo que se busca para proveer dirección y carácter que sea para el bien de todos, no solo para ciertos bandos o grupos más movidos.

Que nuestra juventud se prepare, entonces, para entrar en esta arena donde la lucha es a veces extrema, más no sin frutos espirituales y sociales. En conformidad con el propósito de Dios para su vida, el hombre o la mujer sabio procurará que su "dádiva…le abre camino y lo lleva ante la presencia de los grandes" (Prov. 18:16, LBLA). Con Dios como su brújula, y la verdad su mapa rutera, templado por el servir como criterio, este equipamiento, podrá abrir al cristiano fiel ser el instrumento que Dios usa en el campo político para reparar el empaste del libro y preservar la sociedad de su tendencia siempre presente de la desintegración.

BIBLIOGRAFIA

*Eidsmore, John, God and Caesar: Christian Faith and Political Action (Crossway Books, Westchester, 1984, Dios y el César: La Fe Cristiana y la Acción Política).

*Feinberg, J. S., & Feinberg, P. D., Ethics for a Brave New World (Ética para un Nuevo Mundo Valiente, Westchester, IL: Crossway Books, 1993).

*MacArthur, John, Piense Conforme a la Biblia, (Editorial Portavoz, Grand Rapids, 2004.)

*Metaxas, Eric, Bonhoeffer: Pastor, Mártir, Profeta, Espía, (Nashville, TN: Grupo Nelson, 2012).

*Parker Gumucio, Cristián, ed., Religión, Política y Cultura en América Latina: Nuevas Miradas, (Santiago, Chile: Instituto de Estudios Avanzados, Universidad de Santiago, 2012).

*____________, Los Jóvenes Chilenos: Cambios Culturales; Perspectivas para el Siglo XXI, (Santiago, Chile: Instituto de Estudios Avanzados, Universidad de Santiago y MIDEPLAN, Gobierno de Chile, 2000).

*Pearcey, Nancy R., Verdad Total: Liberar el Cristianismo de su Cautiverio a la Cultura (Editorial JUCUM, Tyler, Texas, 2014).

*__________, Saving Leonardo: A Call to Resist the Secular Assault on Mind, Morals and Meaning, (Nashville, TN: B&H Publishing Group, 2010). Traducción: Salvar a Leonardo: Un llamado a Resistir el ataque Secular a la Mente, Moral y el Significado.

*Sproul, R.C. Following Christ (Wheaton, IL: Tyndale House Publishers, 1996). Traducción: Seguir a Cristo.

*Vargas, Felipe, El Mercurio Online, https://www.emol.com/noticias/Nacional/2019/01/29/935985/-Carabineros-FFAA-y-financiamiento-ilegal-de-la-polit ica-Las-razones-de-la-caida-de-Chile-en-ranking-de-tr ansparencia.html. Consultado el 09 de sept. de 2020.

*Werhli Romo, Juan R., La Influencia Política de los Evangélicos en la Historia de Chile, documento no publicado, presentado al Comité de Organizaciones Evangélicas, 1996.

*Whitehead, John W., An American Dream (Crossway Books, Westchester, 1987, Un Sueño Americano).